Liebe Leserin, lieber Leser,

schon seit vielen Jahren stelle ich mir für mein Leben viele Fragen. Fragen, die sich wahrscheinlich viele Menschen gar nicht stellen. Oder viele Menschen insgeheim auch stellen, aber nicht darüber reden – es nicht artikulieren, aber in ihrem Innersten manchmal bewegen.

Seit 30 Jahren beschäftige ich mich unter anderem auch mit der Frage: „Wer regiert die Welt?“ Diese Frage ist eine berechtigte Frage. Diese Frage darf sich und sollte sich jeder Mensch stellen. Denn von dessen oder deren Interessen hängt doch dann unsere Zukunft ab, oder?

Manche Leute sagen einfach: „Ja, Geld regiert die Welt.“ Und das stimmt bis zu einem gewissen Grad. Aber wer steht hinter dem Geld? Diese Frage ist mindestens so wichtig. Wir werden sie aber in diesem Buch nicht beantworten können. Und um das WER (Namen, Personen, ...) geht es auch nicht, es geht vielmehr um Ihr Bewusstsein, in dem SIE in dieser Frage leben.

Und Sie brauchen auch keine Angst zu haben: Über denen, die über das Geld herrschen und somit über das Welt-System, steht noch ein Größerer. Und dieser hat alles im Griff. Die Frage ist nur, wer ist das und welches Verhältnis haben Sie zu ihm?

Manche Menschen – und vor allem auch viele Mächtige dieser Welt – machen die Rechnung ohne den Wirt. Nur sie wissen es noch nicht.

Warum wollen
wir an einem
System festhalten,
das manche
Zivilisation nennen,
wenn uns gerade
diese Zivilisation
zerstört?

Über 30 Jahre habe ich mich mit vielen dieser Themen – für mich persönlich – beschäftigt und als Wirtschaftsjournalist in den USA habe ich auch Dinge gesehen und erlebt, die einem Durchschnitts-Europäer gar nicht bewusst sind bzw. ein normaler Medienkonsument gar nicht sehen und erkennen kann.

Aber die Ereignisse der letzten zwei bis drei Jahre in dieser Welt haben bereits vielen Menschen die Augen und die Ohren geöffnet und sie sind hellhörig geworden und haben begonnen sich mit Gedanken und Themen zu beschäftigen, die sie noch vor einigen Jahren nicht für möglich gehalten haben.

Dieses Büchlein stellt viele Fragen an den Leser. Ich brauche darauf in den allermeisten Fällen gar keine Antwort zu geben, weil der Leser alleine durch die Fragestellung schon selbst seine Antwort findet. Er braucht ja nur 1 + 1 zusammenzählen, oder?

Ich mache mir nur ein paar herausfordernde Gedanken und lasse Sie, liebe Leserin, lieber Leser, daran teilhaben. Das darf man doch, oder? Und vielleicht hilft es Ihnen beim Finden der Antworten – es ist viel einfacher als Sie vielleicht glauben, auf diese Fragen die richtige Antwort zu finden.

Lassen Sie sich aber auch nicht von den sogenannten „Verschwörungstheoretikern" – die vielen Spekulationen auf den Leim gehen – ins andere Extrem treiben. Wir stellen uns einfach gemeinsam nur ein paar Fragen. Einverstanden?

UMDENKEN beginnt ja damit, dass man sich ein paar Fragen stellt, einige Dinge infrage stellt und einiges, was wir bisher immer als gegeben hingenommen haben, einfach mal HINTERfrägt.

Und das tun wir heute mal gemeinsam.

Ihr

Karl Pilsl

Die Welt ist ein System – keine Kugel.

Die Welt ist ein System, nicht die Kugel Planet ERDE. Wir leben auf dieser Erde, aber wir müssen nicht in dieser von Menschen gemachten WELT leben.

Die Erde (Planet) ist der Platz, auf dem wir uns gerade aufhalten.

Die Welt ist das System, mit dem versucht wird, über uns Menschen zu herrschen.

Das müssen wir ganz klar unterscheiden lernen.

Unsere Zivilisation – unser Weltsystem, unser Denken, unser Handeln – hat doch alles zerstört und ist weiter dabei alles zu zerstören, was wir so dringend brauchen könnten für ein erfülltes Leben ...

Warum wollen wir dann an diesem System – dieser Zivilisation – festhalten?

Wir müssen umdenken

Um Umdenken zu können, muss man sich – und das Bestehende und als normal Geltende – HINTER-FRAGEN und sich zuerst befreien von Prägungen, Meinungen usw., die von früheren Generationen bzw. Menschen, Bildungseinrichtungen usw. übernommen und uns weitergegeben wurden.

Alles ist ja nur – individuelle – Wahrnehmung. Es wird von Mensch zu Mensch höchst unterschiedlich wahrgenommen. Auch Tag und Nacht sind unterschiedliche Wahrnehmungen. Sommer und Winter. Licht und Finsternis. Manche leben in der Finsternis und nennen es Licht.

Was ist Ihr persönliches Weltbild?

Was ist Ihre ganz persönliche Weltanschauung?

Was ist Ihr persönliches Gottesbild?

Was ist Ihre persönliche Wahrnehmung in bestimmten Themen des Lebens und in Bezug auf die heutige Zeit?

So wie Sie es sehen, so nehmen Sie es auch wahr. Daher gibt es so viele verschiedene Wahrnehmungen.

Ich war kürzlich im CNN-Studio in Atlanta. Da habe ich z. B. gesehen, wie beim Filmdreh mit der Farbe Grün gearbeitet wird. Damit gelingt es prima, etwas unsichtbar zu machen. Z. B. wenn bei einem Schauspieler ein Fuß als amputiert wahrgenommen werden soll, z. B. bei Forrest Gump, wird dieses Bein einfach nur mit diesem Grün „eingekleidet".

Mein Vater nannte das: Elektrisch zum Narren halten! Darum hatten wir zu Hause auch keinen Fernseher.

Das Leben ist wie ein Kinosaal.

Alle sitzen im gleichen Saal, sehen aber unterschiedliche Filme laufen, je nachdem welche Brille sie tragen. Sie sitzen nebeneinander und nehmen ganz verschiedene Dinge, Systeme, Abläufe usw. wahr. Jeder sieht etwas anderes, nimmt etwas anderes wahr, obwohl sie im gleichen Raum sitzen und auf die gleiche Leinwand schauen.

Nach dem Kino gehen sie raus in die vermeintliche „Realität dieser Welt" und nehmen alles ganz anders wahr als im Kinosaal – und müssen sich erst wieder zurechtfinden.

Genauso ist es auch im „realen" Leben. Aber vieles ist nicht wirklich real, was Menschen als real wahrnehmen.

Warum nutzt der Mensch höchstens 10 % seines Gehirns?

Nur einzelne Menschen kamen bisher auf 10 %, die meisten liegen weit darunter. Das ist längst wissenschaftlich bewiesen, aber der „normale" Mensch auf der Straße hat sich noch nie die Frage gestellt, warum das so ist.

Warum hat uns dann Gott 9 Mal so viel Gehirn mitgegeben, wenn wir es sowieso nicht brauchen?

Könnte es sein, dass ein großer Teil dieser 90 % ungenutzter Kapazität für die Zeit nach dem Leben auf dieser Erde – für spätere Aufgaben, Herausforderungen ... in der Ewigkeit – vorbereitet ist?

Warum freuen sich alte Menschen aufs Sterben? Auf die Zeit nach dem körperlichen Tod? Ich meine gesunde Menschen?

Könnte sein, dass sie immer mehr erkennen, dass das Leben auf dieser Erde nur eine Vorbereitung ist für etwas viel Größeres und viel Schöneres? Weil sie gleichzeitig auch immer mehr erkennen, dass das Leben auf dieser Erde immer mehr zum „medialen Theater" wurde, um Menschen zu verwirren und von ihrer eigentlichen Berufung – oder sogar von der Wahrheit, der wirklichen Wirklichkeit – fernzuhalten?

Ist vielleicht
die unsichtbare Welt
viel realer als die
– für unsere Augen –
sichtbare Welt?

Ist vielleicht die unsichtbare Welt viel realer als die – für unsere Augen – sichtbare Welt?

Betrachten wir doch die Funktionsweise der Handys, iPhones, iPads, Signale, Radiowellen usw. Es sind unsichtbare Kräfte, die Gewaltiges vollbringen ... Und das alles ist für die meisten Menschen mittlerweile so selbstverständlich geworden.

Könnte sein, dass es so etwas auch gibt, OHNE der uns bekannten Hardware wie Handy, Fernseher, iPhone usw.? Vielleicht noch viel besser und kraftvoller?

Woher nehmen wir denn unsere „Softwareprogramme", die in unserem Innersten tagtäglich als „normal" ablaufen?

Unser Leben auf dieser Erde hängt davon ab, wie wir als Kinder von unseren Eltern und deren Lifestyle, unseren Lehrern, Meistern, Kulturen, Umständen, Erlebnissen usw. ... programmiert werden.

Das ist das, was wir wissen, was wir sehen, wie wir es sehen, wahrnehmen ...

Und danach handeln wir. Daher handeln so viele Menschen so unterschiedlich und finden es in ihrer Art doch alle richtig bzw. normal.

Stehen wir vielleicht wiedermal vor einer „Wende“? Der Wende des Westens?

Das ganze Universum ist ein großes Uhrwerk. Ein Kreislauf.

Das ist keine neue Erkenntnis. Das wissen wir alle. Das heißt aber noch lange nicht, dass es uns auch bewusst ist, was das bedeutet.

Alle 24 Stunden dreht sich die Erde um die eigene Achse.

Alle 28 Tage umkreist der Mond die Erde (Mondphasen mit den unterschiedlichen Auswirkungen und Wahrnehmungen).

Alle 365 Tage umkreist die Erde die Sonne (vier Jahreszeiten, die wir alle unterschiedlich Jahr für Jahr erleben – wahrnehmen).

Ca. alle 26.000 Jahre kommt die Erdachse in die gleiche Neigung (Präzession) – und es beginnt etwas ganz Neues – wird behauptet, obwohl es noch niemand von uns erlebt hat.

Könnte sein, dass wir wiedermal – ohne dass es uns bewusst ist – kurz vor der Vollendung eines 26.000-Jahr-Zyklus stehen und daher sich so viele Dinge zuspitzen?

Wann diese 26.000 Jahre vorüber sind, weiß niemand genau.

Manche behaupten 2012 – und sogar viele Wissenschaftler sind sich darin einig, dass dies wahrscheinlich ist. Das hat aber nichts mit dem Maya-Kalender zu tun, sondern mit dem Uhrwerk des Universums. Vielleicht haben die Mayas das nur als Erste erkannt?

Jedenfalls, eines weiß ich sicher: „2012“ kommt bestimmt, ich weiß nur nicht wann.

Das ganze Universum ist ein großes Uhrwerk. Ein Kreislauf.

Unser Sonnensystem ist nur ein ganz kleines Uhrrädchen in diesem großen Uhrwerk UNIVERSUM (Gottes Schöpfung – Reich Gottes).

So wie viele Menschen glauben, dass sich alles um sie dreht (besonders Kinder). Welch eine kleine Welt im Hirn mancher Menschen.

Und so meinen auch viele Menschen wirklich immer noch, dass sich alles um unsere Erde (oder um unser Sonnensystem) dreht. Welch eine begrenzte Wahrnehmung.

Die verschiedenen Kulturen der Geschichte sind gekommen und gegangen, aufgestiegen und gefallen.

Immer wieder eine große „Wende". Wenden gab es schon immer. Schon viele.

Derzeit wieder im Nahen Osten – Nordafrika – Tunesien, Ägypten, Libyen, ...

Stehen wir vielleicht auch wieder vor einer „Wende"?

Der „Wende" des Westens?

Vielleicht sogar vor einer viel größeren Wende für die gesamte Menschheit auf dieser Erde?

Wem gehört die Zukunft in Europa?

Mit dieser Frage habe ich in den letzten Jahren über 100.000 Teilnehmer bei meinen Live-Veranstaltungen konfrontiert, zum aktiven Umdenken herausgefordert, inspiriert und sie dazu ermutigt, in sich selbst zu investieren und sich auf eine neue Zeit vorzubereiten.

Ich werde seit vielen Jahren immer wieder gefragt: „Karl, wo soll man in der heutigen Zeit investieren?“

Und ich habe immer die gleiche Antwort: „In dich selbst!“

In deine Berufung, deine Talente, deine Problemlösungsfähigkeit, deine Attraktivität, deine Leadership-Fähigkeit, deine Fähigkeit mit Menschen richtig umzugehen und ihnen Orientierung zu geben, in deine persönliche Zukunft, in deine Träume, Visionen und Ziele.

Das, was Sie nämlich in sich selbst investieren, das kann Ihnen niemand nehmen.

Ich habe vor 35 Jahren Konkurs gemacht. Einen großen Konkurs mit über 200 Mitarbeitern und über 100 Mio. Schilling Schulden. Für ca. 50 Mio. Schilling (heute direkt umgerechnet ca. 4 Mio. Euro – damals natürlich viel mehr Wert) haben mein Bruder und ich sogar persönlich gebürgt. Aber es gibt ein Leben nach dem Konkurs.

Bei mir ist der Gerichtsvollzieher ein- und ausgegangen und ich habe dabei eines gelernt:

a) Was ich in mich selbst investierte, gehörte nicht zur Insolvenzmasse.

b) Was ich in mich selbst investierte, konnte auch nicht gepfändet werden.

Der Gerichtsvollzieher hat überall den Kuckuck hin geklebt, wo er nur „picken" geblieben ist. Aber an mir selbst, an meinen persönlichen Fähigkeiten, Talenten, meiner Berufung, meiner Attraktivität, meiner Problemlösungsfähigkeit, meiner Einzigartigkeit etc. ist der Kuckuck nicht picken geblieben.

Das, was ich in mich selbst investierte, war immer wieder das Startkapital für das nächste Projekt in meiner mittlerweile 45-jährigen Unternehmerlaufbahn.

Was können wir von unseren Kollegen in den neuen Bundesländern lernen?

Die neuen Bundesländer haben uns eines voraus: Sie haben bereits eine Wende erlebt und erfahren, was „nach der Wende" wirklich wertvoll ist.

Ich bin auch fest davon überzeugt, dass Ostdeutschland nicht von den Wessis aufgebaut wurde – ja, die sind auch gekommen und haben (meist) mitgeholfen.

Aber in Wirklichkeit wurden die neuen Bundesländer von den Ossis selbst aufgebaut, und zwar von jenen Ossis, die vor der Wende schon wussten und gespürt haben, dass da was nicht stimmen kann in diesem „politischen System des Sozialismus".

Diese Menschen haben dann begonnen, bereits „vor der Wende" in sich selbst zu investieren, in ein neues Gedankengut, in ihre unternehmerischen Fähigkeiten, in ihre Talente, in ihre Problemlösungsfähigkeit, in ihre Einzigartigkeit, ...

Und weil sie vor der Wende schon – aus einer persönlichen Erkenntnis, dessen was kommen wird, heraus – in sich selbst investierten, waren sie nach der Wende jene Menschen, die sich sofort an die Arbeit machten (und machen konnten), um einerseits ihr Heimatland neu aufzubauen und andererseits sich selbst eine Existenz zu schaffen und ihre Träume, Visionen und Ziele zu realisieren.

Ich könnte hier einige gelebte Beispiele anführen – Sie sicherlich auch.

Eine Frage an Sie:

Sind Sie auch schon dabei in sich selbst zu investieren? In Ihr neues Bewusstsein über die Zeichen der Zeit, Ihre Berufung und die Frage: „Wer bin ich wirklich?"

In Ihre persönliche Attraktivität, in ein neues, menschenfreundlicheres Gedankengut, in Ihre einzigartige Problemlösungsfähigkeit und besonders in Ihre Fähigkeit mit Menschen richtig umzugehen und andere Menschen zu führen.

Leadership, echte visionäre Leadership wird „nach der Wende des Westens" der Engpass-Faktor sein, denn die Menschen brauchen dann nichts wichtiger als Orientierung für ihr persönliches Leben. Leader mit Vision, Leader, die den Weg kennen und schon mal gegangen sind. Leader, die bereit und fähig dazu sind, sich in andere Menschen zu investieren, ohne Helfersyndrom, sondern mit einer klaren, gemeinsamen Vision für die neue Zeit.

Visionäre Leadership ist einerseits Führen mit einer Vision, die größer ist als alle Beteiligten und andererseits die Aufgabe des Leaders, den Menschen um ihn herum zu helfen, selbst sehen zu können, was ihr Kernauftrag, ihre gottgegebene Berufung für sie auf dieser Erde ist.

Damit jeder sein eigenes „WARUM bin ich überhaupt hier?" und „Was haben andere Menschen davon, dass es mich gibt?" selbst beantworten kann.

Wir stehen auf der Schwelle vom Informationszeitalter ins Bewusstseinszeitalter.

Die Frage der Zukunft wird nicht mehr so sehr sein: „Was weiß ich?“ Sondern vielmehr wird die Frage heißen: „Wessen bin ich mir wirklich bewusst?“

Das ist ein großer Unterschied. Viele Menschen wissen sehr viel, haben aber über gewisse Zusammenhänge kein Bewusstsein, keine Erkenntnis, keine Offenbarung.

Viele Menschen sind in ihrem Hirn außergewöhnlich gut dressiert worden, aber haben die „WARUM-Frage“ ihres Lebens noch nicht beantwortet.

Weiß ich wirklich, wer ich bin oder besitze ich nur eine Menge Information, die mir nicht wirklich weiterhilft, weil sie sich durch den Wandel der Zeit überholt hat oder weil viele andere Menschen die gleiche Information haben?

Die Bewusstseinserweiterung der Menschen vollzog sich in den letzten Tausenden Jahren ganz langsam aber immer schneller werdend.

Es geht deshalb ganz langsam voran, weil sonst die Menschen verrücktspielen würden. Das Gehirn könnte es nicht verarbeiten – obwohl das Gehirn so gewaltig ist.

Wir stehen auf der Schwelle vom Informationszeitalter ins Bewusstseinszeitalter.

Wissen ist eine Sache –
Erkenntnis eine ganz
andere Sache.

Die Bibel sagt:
Mein Volk geht zugrunde
aus Mangel an Erkenntnis.

(Hosea 4, 6)

Schon die Bibel sagt im Alten Testament: „In den letzten Tagen wird das Bewusstsein zunehmen!“ (Daniel). Es wird alles immer schneller gehen.

Nicht nur Information, sondern vor allem auch Erkenntnis und Offenbarungen über die Dinge, die wir bisher nicht gesehen haben, weil wir zu sehr mit dem Hirn unterwegs waren und zu wenig mit dem Herzen.

Wir stehen auf der Schwelle vom Informationszeitalter ins Bewusstseinszeitalter.

„Wir brauchen eine
neue Welt-Ordnung.
Ich glaube, dass am Ende dieser
Amtszeit Obamas bzw.
am Beginn der nächsten Amtszeit
des Präsidenten diese neue
Welt-Ordnung geschaffen wird.
Denn die Menschheit
schaut in den Abgrund – und das
Neue, das dann kommt,
muss unter einem anderen
System entstehen."

Henry Kissinger, Januar 2009

Vielleicht leben wir in diesen letzten Tagen?

Ich meine nicht in den letzten Tagen der Menschheit – die Menschen werden weiterleben in Ewigkeit. Davon bin ich überzeugt.

Ich meine, leben wir vielleicht in den letzten Tagen dieses (verrückten) Welt-Systems auf dieser Erde?

Wenn man sagt „die Welt geht unter“, meint man ja nicht die Erde und die Menschen, sondern das System. Und dieses derzeit bestehende Welt-System ist todkrank. Um das festzustellen, braucht man kein Spezialist sein.

Was man alleine in den letzten paar Jahrzehnten so alles „erfunden“ – besser gesagt herausgefunden – hat, könnte ein Hinweis dafür sein, dass die letzten Tage kommen. Wenn jemand sagt, er hätte etwas erfunden, stimmt das ja nicht. Das gab es bereits seit der Erschaffung dieser Erde, nur hat es noch niemand herausgefunden, dass es das gibt bzw. wie es funktioniert.

Stellen Sie sich vor, jemand hätte Ihnen vor 100 Jahren erzählt, dass man eines Tages telefonieren kann ohne Schnur – rund um die Welt – in Sekundenschnelle verbunden mit andern Menschen auf einem anderen Kontinent und man kann die Stimme des anderen ganz klar hören.

Oder das Fernsehen: Auf der ganzen Welt können wir live beobachten, was gerade im hintersten Winkel der Erde passiert.

Die hätten Sie eingesperrt, wenn Sie vor 100 Jahren behauptet hätten, das sei ganz normal. Es war unvorstellbar für einen „normalen" Menschen. Aber was ist normal?

Diese Energien, z. B. auch elektrischer Strom, waren ja immer da, aber sie mussten erst herausgefunden werden von Thomas Edison und anderen Menschen, die sich Fragen stellten, die sich andere Menschen eben nicht stellten.

Was können Sie sich VORSTELLEN?

Wie steht es mit Ihrem persönlichen Vorstellungsvermögen?

Das ist das, was für Sie möglich ist.

In Amerika sagt man: „What you see is what you get."

Viele Menschen schauen nur, sehen aber nichts – und kritisieren all jene Zeitgenossen, die Dinge sehen, die sie sich selbst nicht vorstellen können.

Das sind die gleichen Leute, die selber keine Visionäre sind – und daher weder etwas erleben, was sie noch nie erlebt haben und auch nichts sehen, was andere Menschen sehr wohl sehen können.

Schauen tut man mit den Augen. Sehen tut man mit dem Herzen (im Geist).

Vielleicht haben wir zu viele Schauer in unserem Land. Es gilt natürlich auch hier die Unschuldsvermutung.

Unser Bildungswesen produziert mehrheitlich Schauer, weil die geistige, visionäre Komponente des Menschen in unseren Schulen nicht besonders gefördert wird.

Warum wohl? Will man vielleicht nicht, dass die Menschen ihre „übernatürlichen" Fähigkeiten voll zur Entfaltung bringen? Man wird doch noch fragen dürfen.

Schauen tut man
mit den Augen.
Sehen tut man
mit dem Herzen.
Vielleicht haben wir
zu viele Schauer
in unserem Land?

Sowohl die Kirche als auch die Wissenschaft sind DOGMATISCH geworden.

Es kann nicht sein, was wir nicht glauben. Und nicht sein kann, was nicht sein darf, weil es unsere bisherigen Aussagen widerlegen würde?

Die Menschen müssen sich von diesen DOGMEN befreien, wenn sie ihr Bewusstsein erweitern und neue Erkenntnisse gewinnen möchten.

Wenn sie Dinge sehen möchten, die sie bisher nicht gesehen haben.
Wenn sie Dinge erleben möchten, die sie bisher nicht erlebt haben.

Wissenschaft will Gewissheit – nicht Wahrheit – vermitteln.

Manche wollen uns
Gewissheit vermitteln
für ihre Überzeugung,
aber nicht für die
Wahrheit.

Wie steht es mit unseren Kirchen?

Auch die verschiedenen Kirchen vermitteln nur die verschiedenen Überzeugungen, die sie sich über Jahre/Jahrzehnte/Jahrhunderte/ Jahrtausende zugelegt haben.

Sie wollen den Menschen **Gewissheit für ihre Überzeugung** bringen, aber nicht für die Wahrheit. Das ist ein großer Unterschied.

Die Juden hängen noch an ihren Traditionen fest, die vor Christi Geburt geglaubt wurden.

Die katholische Kirche hängt noch an Traditionen fest, die aus den ersten Jahrhunderten des ersten Jahrtausends nach Christi stammen.

Die evangelische Kirche hängt noch an Traditionen fest, die zur Zeit Martin Luthers wichtig waren.

Viele Freikirchen halten noch an freikirchlichen Traditionen fest, die ihnen von den Gründern ihrer Freikirchen mitgegeben wurden und seinerzeit wichtig waren – aber heute auch sonst nichts mehr sind als leblose Tradition. Handlungen ohne Geist.

Viele predigen das Wort (aus der Bibel), aber sie haben noch nicht erkannt, dass dieses Wort „geistentleert" wurde und daher zur leblosen Tradition verkümmert. Höchst unattraktiv.

Könnte es sein, dass das der Grund ist, warum immer weniger Menschen in die Kirche gehen, obwohl sie an Gott sehr interessiert wären?

Viele Kirchen, insbesondere auch Freikirchen, sollten sich fragen, warum ihnen Gott – dem sie ja vertrauen – die Menschen dieser

Geht Gott
überhaupt noch
in deine Kirche?
Oder hat er sich
bereits zurückgezogen?
Warum?

Welt nicht in Scharen zuführt, wenn diese Menschen doch so dringend die Hilfe Gottes brauchen würden. Gott in seiner Allmacht könnte das doch tun.

Geht Gott überhaupt noch in deine Kirche?

Wenn sogar Gott nicht mehr in deine Kirche geht – nicht mal sonntags – dann kann man auch nicht erwarten, dass Gott die Menschen in deine Kirche schickt, oder?

Er muss doch einen Grund dafür haben, warum er auch in gewisse freikirchliche Kirchen/Gruppierungen keine Menschen schickt, obwohl die vielen Menschen dringend Hilfe – die Hilfe Gottes – brauchen würden?

Auch diese Frage muss gestellt werden dürfen.

Gott ist die Wahrheit, aber ...

Religionen (auch christliche Freikirchen) legen diese unterschiedlich aus.

Die unterschiedlichen Auslegungen führen zu unterschiedlichen Botschaften.

Aus den unterschiedlichen Botschaften entstehen unterschiedliche Überzeugungen.

Aus den unterschiedlichen Überzeugungen entstehen unterschiedliche Gewissheiten.

Und diese sind unterschiedlich weit weg von der ... Wahrheit.

Die verschiedenen Wissenschaftsrichtungen/Glaubensrichtungen und Religionen – alle auf der Suche nach Wahrheit – sind sich vermutlich viel einiger, als sie selbst wissen. Sie verwenden nur unterschiedliche Bezeichnungen/Worte für die gleiche Sache und meinen daher, das wäre etwas anderes. Es sind meist nur sprachliche Barrieren, die zwischen den unterschiedlichen Disziplinen liegen.

Wissenschaft und Religion verschmelzen mehr und mehr. Sie kommen sich immer näher, auch wenn sie es nicht zugeben können bzw. wollen – beides ist schließlich nur die Suche nach der Realität.

Gewissheit – Wahrheit – Sicherheit

Gewissheit kann man in vielen Dingen haben, auch wenn sie nicht wahr sind.

Wahrheit gibt es nur eine. Gott. Jesus Christus sagt: „ICH BIN der Weg, DIE WAHRHEIT und das Leben ..." (Johannes-Evangelium, Kapitel 14, Vers 6).

Echte Sicherheit kann nur aus der echten Wahrheit kommen.

Viele Wissenschaftler und auch Religionsführer wissen viel mehr über die Wahrheit, als sie uns sagen.

Weil sie Menschenfurcht haben und sich sagen: *„Wenn wir das sagen, dann machen wir uns doch nur einen schlechten Namen – verlieren Reputation, Ansehen – unter den Kollegen."*

Und sie verschweigen uns das Wichtigste. Die eigentliche Botschaft Gottes an die Menschen – um ja nicht in eine „Sektenecke" gestellt zu werden.

Es gibt angeblich 12 Dimensionen.

3 nehmen wir mit unseren Augen wahr. (Länge, Breite, Höhe)

4, 5, 6 sind wissenschaftlich bestätigt (z. B. Talente, Information, Inspiration, ...)

7 und 8 versucht man gerade zu erforschen (angeblich).

9, 10, 11 und 12 werden von manchen Wissenschaftlern GAB genannt. Gott allein bekannt.

Je mehr wir
herausfinden,
umso mehr wird
uns auch bewusst,
wie wenig wir
eigentlich wissen.

(Wissenschaftler)

Viele Wissenschaftler sagen: „Je mehr wir herausfinden, umso mehr wird uns bewusst, wie wenig wir eigentlich wissen."

Ältere Leute sagen: „Je älter ich werde, umso mehr wird mir bewusst, wie wenig ich eigentlich weiß."

Kann man überhaupt in die Zukunft sehen?

Es gibt „Medien" oder auch Propheten, Hellseher, die angeblich Dinge sehen, hören, erfahren, die „normale" Menschen nicht wahrnehmen können.

Vielleicht haben diese Menschen einfach einige Sperren in ihrem Gehirn bereits aufgelöst? Sich geöffnet für das, was jenseits der bisherigen Überzeugungen, Wahrnehmungen, Möglichkeiten liegen könnte?

Welche Werte würden sich auf dieser Erde stärker durchsetzen, wenn es bewiesen und als Allgemeinwissen bekannt/ anerkannt wäre, dass der Mensch (Geist) mit seiner Seele (Verstand, Wille, Gefühl) nach dem Leben auf dieser Erde weiterlebt?

Wenn die Zeit auf dieser Erde zu Ende geht, beginnt die Ewigkeit. Das Leben auf dieser Erde ist sehr begrenzt durch Raum und Zeit. Die Ewigkeit kennt weder Raum noch Zeit.

Könnte es sein,
dass man das,
was wir wirklich brauchen,
mit dem Hirn
und wissenschaftlichen
Methoden nicht
finden kann?

Ist LIEBE die einzige tragfähige Antwort auf die Herausforderungen, denen wir auf dieser Erde gegenüberstehen?

Die Menschen – und auch die Wissenschaftler und religiösen Leute – wissen eigentlich in ihrem Innersten, dass LIEBE (Gottes Liebe) die einzige Antwort auf alle Fragen, Probleme und Herausforderungen ist.

Es steht auch geschrieben: Liebe hört nie auf. Liebe versagt NIE (1. Kor., Kapitel 13).

Wenn wir das wissen, warum – oder worauf – warten wir dann?

Das bzw. diese Liebe können wir doch bereits heute haben, wenn wir sie wirklich wollen und suchen, oder?

Müssen wir Erdenmenschen universeller/geistlicher/göttlicher werden in unserem Denken bzw. in unserem Bewusstsein?

Gott IST **die** Realität. Gott ist die Liebe. Diese Realität ist das Potenzial. Jeder kann sich seine Realität selbst schaffen, indem er sich für **die** Realität (Gott) entscheidet.

Religion funktioniert nicht. Nur Glaube an die Realität funktioniert.

Was kommt auf uns zu?

Die Menschheit wird sich aufteilen. Die einen werden festhalten an ihren alten überlieferten Überzeugungen/Gewissheiten, obwohl sie nicht die Wahrheit sind, und werden damit untergehen.

Denn alles, was nicht die Wahrheit ist, hat keinen Bestand.

Die anderen öffnen ihren Geist und gehen mit dem Rhythmus der Schöpfung, des Schöpfers, **der Wahrheit** weiter in eine immer kraftvollere Wahrnehmung bis hin zur ultimativen Realität der Ewigkeit – in der Gegenwart Gottes.

Wenn man mit sich selbst im Einklang ist, kommt man auch mit allem (allen) anderen klar. Wenn ein Mensch den SINN seines SEINS erkannt hat, wird für ihn alles viel einfacher.

LIEBE ist die Power – und die Problemlösung – hinter allem. Gott ist die Liebe. Das wissen auch die Wissenschaftler und religiösen Spezialisten. Das bestätigen sie auch gerne.

Warum bemühen sie sich dann nicht gerade darum, DIESE LIEBE zu finden und in ihr ZU LEBEN?

Könnte sein, dass man diese Liebe mit dem Hirn und ihren immer noch praktizierten wissenschaftlichen Methoden etc. nicht finden kann?

Und nun noch ein paar spezielle Fragen zum Welt-Finanz-System

Wenn alle Länder verschuldet sind, wer ist denn dann der Gläubiger bei allen diesen Ländern und deren Schulden?

Alle Menschen reden von der hohen Staatsverschuldung. Auch die Politiker aller Farben und Richtungen. Staatsverschuldung, ein geflügeltes, negatives Wort – und alle wissen, dass dies ein großes Problem darstellt und zum großen Kollaps führen muss.

Aber wer hat sich schon mal gefragt, bei wem wir denn alle verschuldet sind?

Ich habe in den letzten Monaten und Jahren immer wieder alle möglichen Leute (auch Fachleute wie Steuerberater, Politiker, Unternehmer etc.) gefragt:

„Alle Länder sind überschuldet, die meisten sind sogar sehr stark verschuldet. Bei wem meinen Sie sind die Länder verschuldet?"

Und die Antwort war immer die gleiche: „Ja untereinander."

Meine Antwort war immer: „Das geht nicht, das würde ja alles wieder aufheben, denn was bei dem einen Schulden sind, sind beim anderen Land ja Forderungen, Aktiva und Passiva heben sich dann doch auf." „Aha, richtig, eigentlich wahr", war dann das entsprechende Aha-Erlebnis und die Bewusstwerdung, dass das so nicht sein kann. Es muss jemanden geben, bei dem wir alle – ultimativ – verschuldet sind.

Ist das Finanzsystem (Geldwesen) vielleicht sogar sonst nichts als ein privates Franchisesystem?

Oder eine andere Frage:

Wenn z. B. ein Land wie Amerika der Eigentümer seiner eigenen Währung wäre, selbst das Münzrecht des Dollars hätte und das Geld druckt, so wie sie es brauchen, dann kann es ja nicht gleichzeitig dieses Geld wo schuldig sein, oder?

Freunde, wo ist denn unser Hausverstand geblieben?

Könnte sein, dass die USA gar nicht das Münzrecht haben von ihrem Dollar – dem (fast) alle nachlaufen?

Könnte es sein, dass dieses Münzrecht unserer weltweiten Leitwährung Dollar im Eigentum von Privatpersonen oder einer Privatorganisation bzw. einer Privatbank liegt?

Könnte das sein?

Ist das Finanzsystem (das Geldwesen) vielleicht sogar ein Franchisesystem – im Privatbesitz einiger weniger einflussreicher Leute?

Ich frage ganz einfach mal als unbedarfter „Nicht-Fachmann". Mit dem Hausverstand, den mein Vater mir mitgegeben hat. Vereinfacht dargestellt.

Zum Beispiel:

Die Weltbank (eine Privatbank) als Franchisegeber,

Die Bundesbanken/Nationalbanken/Zentralbanken der einzelnen Länder die Masterfranchisenehmer und dann die vielen Landesbanken, Commerzbanken, Genossenschaftsbanken, Privatbanken etc. ganz normale Franchisenehmer derselben Organisation?

Sie nennen es nicht Franchisesystem – sie vergeben einfach Lizenzen, Banklizenzen usw.

Das erinnert mich an McDonald's.

Nur geht es hier nur um Hamburger und beim Finanzsystem einfach um Geld (Tauschmittel – teilbare Energie – der Sauerstoff der Wirtschaft, Nahrung für das Ego, ...).

Es wird einfach etwas multipliziert, um es bis in die letzten Winkel der Erde zu tragen.

Ein Tauschmittel – Geld – als Franchiseprodukt?

Stellen Sie sich vor, McDonald's hätte es geschafft, der einzige Nahrungsmittelhersteller auf dieser Erde sein zu dürfen. Jeder Mensch braucht den Hamburger, sonst würde er verhungern. Eine Firma, die kein Geld hat, verhungert auch.

Wir spinnen einfach mal gemeinsam weiter.

Wer den Hamburger nachmacht, wird eingesperrt. Ein Hamburger-Fälscher.

Welche Macht hätte McDonald's über Menschen, wenn das so wäre?

Stellen Sie sich vor, diese Weltbank (Währungsmacher, Währungshüter, Währungsverleiher – oder wie sie sich auch nennen mögen) hätte es geschafft, das einzige legitime, teilbare Tauschmittel auf dieser Erde auszugeben. Wer sich selbst sein Geld druckt (fälscht), wird eingesperrt. Welche Macht hätte dann die Weltbank über die Menschheit? Der Dollar als Leitwährung ein Privat-Produkt?

Könnte es sein, dass wir hier vom Kern dieses Welt-Systems sprechen?

Man wird doch mal einfach nur spinnen dürfen, oder? Es besteht natürlich auch hier die Unschuldsvermutung.

Übrigens, wem gehört die deutsche Bundesbank wirklich?

Ist sie eine Privatbank?

Oder gehört sie anderen Privatbanken – mit entsprechenden Beteiligungsverhältnissen? Auch die Deutsche Bank ist eine Privatbank! Nur die Medien bezeichnen sie nicht als solche und den Menschen ist es gar nicht bewusst, dass die Eigentümer der Deutschen Bank ja wieder andere Banken, Versicherungen, Investoren und auch Privatpersonen – selbst ganz einfache Bankkunden – sind.

Ganz einfach ein Franchisenehmer wie McDonald‘s mit vielen Eigentümern. Wie viele Genossenschaftsbanken, die auch sonst nichts sind als eine Privatbank mit vielen Privatpersonen als Kleinst-Eigentümer.

Aber wer ist der Franchisegeber?

Ja, wer ist es wirklich?

Was sind seine Ziele?

Wes Geistes Kind ist er?

Macht dieser vielleicht sogar die Rechnung ohne den Wirt und es ist ihm gar nicht bewusst?

Fragen über Fragen, und man wird doch mal HINTERfragen dürfen, oder?

Könnte es sein, dass sich das Münzrecht des US-Dollars und auch des Euros in Privatbesitz befindet?

Stellen Sie sich mal Folgendes vor:

Wenn Sie das Münzrecht hätten, was würden Sie sich kaufen?

Stellen Sie sich wirklich mal vor, Sie könnten sich so viel Geld drucken, wie sie wollen und Ihr Ziel wäre es, mit diesem Geld über die Menschen zu herrschen. Sie brauchen nur die Druckmaschine anzuwerfen und schon läuft es – oder nicht mal das: Sie brauchen nur einen Datensatz in Ihrem Computer eröffnen mit einer 1 am Anfang und vielen Nullen hinterher – und schon ist Ihnen nichts Menschliches mehr unmöglich. Geld regiert ja die Welt, sagt man immer.

Welche Firmen würden Sie kaufen?

An welchen Firmen würden Sie sich beteiligen wollen, um so viel Macht wie möglich über Menschen und ihre Zukunft zu bekommen?

Wahrscheinlich zuerst mal die **Medien**, wie Fernsehen, einflussreiche Zeitungen usw. – stimmt's?

Sicher, denn so kann man mit gezielter „Informationspolitik" doch die Menschen verführen, verwirren, beschäftigen mit unwichtigen Dingen, ablenken, verzetteln, entmutigen, verunsichern, einschüchtern, abhängig machen, Meinung bilden, manipulieren, vieles promoten und als wichtig hinstellen, obwohl es das gar nicht ist, Bewusstsein zerstören mit viel Wissen über eigentlich unwichtige Dinge, Angst machen und in die „Kaninchen-vor-der-Schlange-Position" bringen.

Es gilt natürlich die Unschuldsvermutung.

Was passiert mit
der Gesundheit
der Menschen,
wenn sogar die
Pharmaindustrie
schon „Kundenbindung“
betreibt?

Stellen Sie sich vor, Sie hätten das Münzrecht des Dollars – oder Euros.

Was wäre das Nächste, was Sie tun würden?

Das Nächste, was man sich kaufen würde – Geld spielt ja keine Rolle, kann man sich ja drucken, wie McDonald's Hamburgers macht – um Herrschaft über das Leben der Menschen zu gewinnen wäre ... vielleicht

die Pharmaindustrie.

Diese hat nämlich die Möglichkeit mit einem Medikament, das der Arzt (eine Vertrauensperson) verschreibt, dafür zu sorgen, dass über mögliche Nebenwirkungen Dauerkunden entstehen und somit echte „Kundenbindung" betrieben wird.

So kann man natürlich immer sicherstellen, dass der wirtschaftliche Erfolg des Pharma-Unternehmens auf viele Jahre sichergestellt ist.

„Kundenbindung" ist doch nichts Schlechtes, wird doch in jeder Firma versucht zu erreichen und das lehrt man ja sogar auf der Universität, dass man die Kunden irgendwie an sich binden soll.

Darüber hinaus hat man als Inhaber eines Pharma-Unternehmens auch die Möglichkeit, mit staatlicher Hilfe und staatlicher Finanzierung Impfungen zu verabreichen, die möglicherweise nur ein Ziel verfolgen: Den Geimpften frühzeitig auf ein neues, kommendes Medikament vorzubereiten. Der Steuerzahler finanziert sich so seine zukünftige Abhängigkeit sogar selbst.

Well ... man wird doch noch hinterfragen dürfen, oder? Es gilt natürlich auch hier die Unschuldsvermutung.

Mein Vater fragte schon vor Jahrzehnten, wenn jemand sich etwas komisch benommen hat: „Haben sie dich geimpft?"

Was würde passieren, wenn die Energiewirtschaft – unsere Stromlieferanten – den Stecker ziehen?

Was wäre das Nächste, was Sie tun würden, wenn es Ihr Ziel wäre, Menschen von sich abhängig zu machen?

Stellen Sie sich vor, Sie könnten sich wirklich jede Menge Geld selbst drucken, in Billionenhöhe – und Ihr Ziel wäre es, die ganze Menschheit in Ihre Abhängigkeit zu bringen.

Wo würden Sie noch investieren, welche Firmen würden Sie sich noch kaufen, um dort die Macht zu bekommen, jede Entscheidung zu beeinflussen oder gar zu treffen?

Wie steht es mit der Energiewirtschaft?

Strom, elektrischer Strom! Viel machtvoller noch als Computer, als die Pharmaindustrie oder irgendetwas anderes. Wenn die Computer dieser Welt ausfallen würden, fällt das gesamte System zusammen. Schlimm genug.

Aber auch wenn die Computerleute ihr Bestes geben und alles im Griff haben, aber die Energiewirtschaft den Strom abdreht, den Stecker zieht, was dann ...?

Also Strom, Energie, Atomkraft, Wasserkraft usw. müssen wir haben – würden Sie denken – wenn Sie das Münzrecht hätten und das Ziel, die Menschheit in Ihre Macht zu bringen.

Unser Gehirn wurde seit
Jahrzehnten von den
Massenmedien etc.
so sehr verschmutzt,
dass wir wahrscheinlich
nichts dringender brauchen
als eine „Gehirnwäsche".
Was schmutzig geworden ist,
muss schließlich
gewaschen werden.

Was könnte noch hilfreich sein, um dieses „verheerende Ziel" zu erreichen, die Menschheit in die volle Abhängigkeit von – machthungrigen – Menschen zu bringen?

... Mit der

Lebensmittel-Industrie

kann man sehr frühzeitig Einfluss darauf nehmen, welche Krankheiten man forcieren könnte. Man braucht ja nur etwas beimengen – z. B. bereits in die Babynahrung oder in abgefülltes Wasser ... Ich will hier gar nicht weiterdenken. Es gilt natürlich auch hier die Unschuldsvermutung.

Darum bin ich so froh, dass es immer mehr unabhängige Firmen gibt, die alles daran setzen, dass unser Leitungswasser gesund und sauber bleibt oder wieder wird, damit wir nicht abhängig werden von den „Wasserlieferanten, die in Flaschen die Supermärkte beliefern". Denn niemand weiß, wer an diesen Wasserfirmen wirklich beteiligt ist, welche Ziele dort wirklich verfolgt werden und wer dort das Sagen hat.

Schließlich besteht der Mensch aus ca. 60 % Wasser und seine Gesundheit ist sehr wesentlich davon abhängig, welche Flüssigkeit er zu sich nimmt. Daher ein nicht zu unterschätzender Gedankengang.

Es gilt natürlich auch hier die Unschuldsvermutung.

Aber es ist sehr wichtig, dass wir uns einige Fragen stellen, um unser Bewusstsein in die richtige Richtung zurückzuführen. „Gehirnwäsche" haben wir ohnedies schon lange über uns ergehen lassen. Einmal sollte es genug sein.

Oder vielleicht brauchen wir jetzt erst wirklich eine „Gehirnwäsche", denn wenn ein Gehirn jahrzehntelang verschmutzt wurde von den

Massenmedien und schlechten Einflüssen gewisser Interessen, dann ist es erst recht wichtig, einmal gewaschen zu werden. Unser Gehirn meine ich.

Und dann kann man natürlich noch alles so stark ineinander verschachteln, miteinander vernetzen, damit sich bald niemand mehr wirklich auskennt und selbst jene Menschen, die sich „Wirtschaftsfachleute“ oder „Volkswirte“ nennen, nicht mehr erkennen, worum es wirklich geht, sondern nur mehr über die Symptome reden und versuchen an den Symptomen zu kurieren.

Und schließlich ist alles so miteinander vernetzt und querverbunden, auf und ab und links und rechts, dass die meisten Menschen sich gar nicht mehr die Mühe machen, irgendetwas am System wirklich zu hinterfragen. Wird diese Verwirrung sogar zum „Lehrstandard“ unseres Universitätssystems erhoben? Und auf einmal sind die Menschen sogar stolz darauf, dass sie „Verwirrung“ studiert haben?

Sorry, man wird doch noch versuchen dürfen, einen Gedanken zu Ende zu denken. Es gilt natürlich auch hier die Unschuldsvermutung.

Mir kommt es manchmal so vor, als ob die Länder und die Banken sich alle gegenseitig retten wollen – und die Finanziers dahinter, die die Öffentlichkeit nicht kennt, grinsen sich eins, wie sie ihren Machtzielen immer näher kommen. Könnte das sein?

Also zurück zur Frage des Münzrechtes:

Wer ist der Eigentümer des Dollars?

Wer ist der Eigentümer des Euro?

Gute Frage. Unsere Heimatländer können es nicht sein, sonst gäbe es ja keine Staatsverschuldung, wenn wir unser Geld selbst genauso willkürlich drucken könnten, wie es derzeit die „Geldmacher" tun.

Und uns dann großzügigerweise leihen. Natürlich gegen Zins und Zinseszins. Was alles nur wesentlich verschlimmert.

Wenn Geld nur ein Tauschmittel ist, warum verlangt man dann für Kredite Zinsen und Zinseszinsen? Wo führt diese ständige Steigerung der Verbindlichkeiten, ohne dass dadurch Werte geschaffen werden, hin?

Ganz sicher ins Chaos, in den Zusammenbruch des Kapitalismus.

Ich bin von einem fest überzeugt:

So wie vor 20 Jahren der Kommunismus gefallen ist, ist derzeit der Kapitalismus dabei zu fallen. Beide Systeme sind menschenverachtende Systeme. Und alles, was menschenverachtend ist, hat auf Dauer keinen Bestand. Es geht nämlich um Menschen auf dieser Erde und nicht um Geld. Die WELT (das System) möchte uns glauben machen, dass es um Geld ginge, weil das ja ihre egoistischen, machthungrigen Zielsetzungen fördert.

Aber Gott – unserem Eigentümer – geht es um Menschen und um die Frage, was aus den Menschen wird. Leben sie ihre gottgegebene Berufung aus, um für andere Menschen ein Segen zu sein, oder werden sie Sklaven des Weltsystems?

Ich glaube den WELT-SYSTEM-LEUTEN ist wirklich nicht klar, dass sie die Rechnung ohne den Wirt machen.

Wir dürfen nicht
den Fehler machen und
Kapitalismus mit dem
freien Unternehmertum
verwechseln.

Wir dürfen nur nicht den Fehler machen und Kapitalismus mit dem freien Unternehmertum verwechseln.

Freies Unternehmertum hat mit dieser Form von Kapitalismus nichts zu tun. Freies Unternehmertum ist der Weg Gottes für die Menschen, um sich gegenseitig Probleme zu lösen. Jeder Mensch tut das, was er – aufgrund seiner gottgegebenen Talente – besonders gut kann und wir lösen mit unseren Talenten anderen Menschen ihre Probleme. Wir machen das Leben der Menschen einfacher. Ein Austausch von Problemlösungen. Das ist freies Unternehmertum. Das ist Wirtschaftsleben.

Wir haben daher keine Wirtschaftskrise. Eine Wirtschaftskrise hätten wir dann, wenn alle Probleme gelöst wären, dann gäbe es nichts mehr zu tun. Tatsache aber ist, dass wir in einer Zeit leben mit so vielen ungelösten Problemen wie nie zuvor. Also weit weg von einer Wirtschaftskrise. Wir haben eine Systemkrise, eine Wertekrise, eine Identitätskrise, eine Sinnkrise ... und eine Reihe anderer Krisen, aber sicherlich keine Wirtschaftskrise.

Kapitalismus aber ist:

Man nimmt Geld und macht daraus ein Produkt – obwohl es nur ein Tauschmittel wäre – und man vermehrt dann dieses Produkt mit Zins und Zinseszins und zusätzlich spekulativ, ohne dass dadurch für die Menschen Werte geschaffen oder Probleme gelöst würden. Das ist echter Kapitalismus.

Das ist ein Schneeballsystem.

Ein System ohne Werte für den Menschen und ohne Problemlösungen.

Und jedes Schneeballsystem geht einmal dem Ende zu, weil die Summen immer größer werden, die man braucht, um den nächsten

Der bekannt gewordene
Gier-Kapitalismus ist ein
Schneeballsystem.
Es werden weder
Werte geschaffen noch
Probleme gelöst.
Es werden aber Probleme
damit multipliziert.

„Turn" machen zu können. Und vor diesem Ende stehen wir. Dieses System steht vor dem unaufhaltsamen Kollaps.

Fachleute sagen, dass angeblich bereits mehr als 90 % des Geldes dieser Welt gar nicht als Tauschmittel und echte Werte schaffend im Umlauf ist, sondern nur Spekulationszwecken dient. Eine Katastrophe bahnt sich an.

Dieses Geld-System löst die Probleme der Menschen nicht. Es schafft diese Probleme in immer größerem Ausmaß.

Warum wollen wir dann dieses System - das manche unsere Zivilisation nennen - aufrechterhalten?

Die Finanzwelt hat in den letzten Jahrzehnten ihre Blüten - im wahrsten Sinne des Wortes - getrieben.

Könnte sein, dass die Vertreter dieses Systems immer wieder ganz bewusst alles tun, um Menschen ins Schuldenmachen zu treiben?

Könnte sein, dass man ganz bewusst immer wieder jene Blasen produziert, die dann dazu führen, dass unsere Länder wieder Kredite brauchen, um die Banken zu retten, um den Staat und seine Staats-**Bürger** in eine immer höhere Staatsverschuldung zu treiben?

Warum gibt die Weltbank (Fed, IWF etc.) die Kredite - um eine Staatspleite zu verhindern - nicht DIREKT dem betreffenden Land? Warum müssen all die anderen europäischen Länder dafür Haftungen übernehmen? Sprich: bürgen?

Kürzlich sagte jemand: Griechenland ist pleite - und auf einmal sind wir alle Griechen. Irland ist pleite - und auf einmal sind wir alle auch Ir...

Die Weltbank könnte das nötige Geld - um ihre Franchisenehmer (Banken) zu retten - denen direkt geben, oder?

Die Weltbank könnte das nötige Geld - um eine Staatspleite (Griechenland, Irland etc.) zu verhindern - diesen Ländern direkt geben, ohne andere Länder wie Deutschland, Österreich usw. in die Bürgschaftsmisere hineinzuziehen?

Das tun sie ganz einfach deshalb - und das ist meine persönliche Überzeugung - weil die Weltbank uns als Land und als einzelne Menschen des Landes als BÜRGEN haben möchte. Darum nennen sie uns ja auch Staats-**BÜRGER**. Und unsere Regierung ist naiv genug – oder abhängig genug – dies zu tun.

Vielleicht gibt es sogar noch größere Ziele der Münzrechts-Besitzer?

Man wird doch noch weiter HINTER-fragen dürfen, oder?

Könnte es sein, dass man ganz bewusst am Zusammenbruch dieses derzeit bestehenden Währungssystems interessiert ist bzw. daran sogar aktiv arbeitet, um eines Tages ein neues weltumspannendes, bargeldloses System einzurichten, mit dem die Menschen noch abhängiger gemacht werden können? Total abhängig.

Könnte sein, dass das, was bereits in der Bibel steht, (Offenbarung, Kapitel 13, Verse 16 bis 18) **ganz gezielt angestrebt wird?**

Bargeldloser Verkehr weltweit, aber nicht via externe Plastikkarten (das läuft ja schon Jahrzehnte mit dem Ziel, Menschen in die Abhängigkeit zu führen), sondern mit internen Computerchips (Implants unter der Haut, auf der Hand oder auf der Stirn), und wer diese nicht hat, kann weder einkaufen noch verkaufen und daher auch am Wirtschaftssystem nicht teilnehmen, weil es sonst kein Tauschmittel (Geldscheine etc.) mehr gibt.

Sind jene, die mit der Macht des Geldes über uns herrschen wollen, wirklich daran interessiert, dass wir in die finanzielle Freiheit kommen?

Könnte sein, dass wir via Macht der Medien (vielleicht haben sie ja alle den gleichen Eigentümer) bewusst getäuscht werden, wenn es um Investmentfonds, Aktien, Rentensysteme, sonstige Risiko-Investments etc. geht, bei denen die Menschen immer wieder ihr hart verdientes Geld verlieren?

Sind jene,
die mit der Macht
des Geldes über uns
Menschen herrschen wollen,
wirklich daran interessiert,
dass wir in die
finanzielle Freiheit
– Unabhängigkeit –
kommen?

Könnte man das gezielte Kapital-Entsorgung nennen?

Menschen sparen sich ihre hart verdienten 100,- Euro Monat für Monat vom Mund ab, überweisen es an irgendeinen Fonds in der Hoffnung, damit ihre Rente zu sichern, um dann später ganz enttäuscht festzustellen, dass ihr „Investment" nicht mehr war als eine „Entsorgung ihrer Ersparnisse"?

Gibt man vielleicht deswegen den Ländern so viel Geld – obwohl sie schon zu stark verschuldet sind – damit man hinterher einen plausiblen Grund dafür hat, via Steuererhöhungen usw. die Menschen wieder ihres Geldes zu ENT-sorgen?

Warum gibt man den Ländern nicht ausreichend Geld aus der Geld-Druckmaschine, damit sie ihre Staatsbürger gut behandeln können, die Schulen ausreichend finanzieren können, die Kommunen für ihre Menschen eine exzellente Infrastruktur bieten können, wenn man Geld ohnedies einfach aus dem Nichts machen kann?

Ja, ich kenne die Antwort: Da würde man ja die Inflation entsprechend anheizen, wenn man die Geldmenge einfach erhöht. Aber diese Antwort zieht bei mir nicht mehr, wenn ich all die anderen Dinge, wofür Geld gedruckt wird und wir dafür zahlen sollten, betrachte. Das führt ja sowieso zu einer Inflation größeren Ausmaßes.

... Man wird doch noch HINTERfragen dürfen. Es gilt natürlich die Unschuldsvermutung.

Eines steht fest: Wir müssen aufwachen. Es gibt nämlich Dinge zwischen Himmel und Erde, von denen viele Menschen nichts wissen.

Ist Deutschland vielleicht auch eine Diktatur – eine Geldsystem-/ Finanzdiktatur? Wer ist dann der Diktator?

Nun noch ein paar Fragen zur Politik

Ist Deutschland eine Diktatur – eine Geld-System/Finanzdiktatur? Wer ist der Diktator? Wer regiert die Welt? Wo sitzt diese Re**GIER**ung?

Was sind ihre Ziele für die Menschen dieser Erde?

Welche Rolle spielen jene Menschen in Berlin, die wir als unsere Regierung gewählt haben und als Regierung bezeichnen?

Könnte sein, dass diese Menschen selbst nicht wissen, wem sie wirklich dienen? Oder nur Marionetten sind? Ohne das wahrhaben zu wollen?

Wie kann es sein, dass sich Regierung und Parlament innerhalb von wenigen Stunden darüber einig sind, dass man Hunderte Milliarden Euro freigibt, um einen „Rettungsschirm" für den Euro bzw. für andere Länder zu formen, aber wochen- und monatelang darüber zu diskutieren ist, ob man unseren Pensionisten – jenen Menschen, die das Land aufgebaut haben – eine Pensions- oder Rentenerhöhung von 100,- Euro pro Monat gibt?

Das wäre sogar sofort wieder Kaufkraft und Finanzierung für die Wirtschaft, wobei die anderen Milliarden der Wirtschaft nichts bringen – sondern irgendwohin ins Ausland fließen und dort vielleicht versickern – und dann erst recht wieder der Kaufkraft der Menschen im Lande durch Steuererhöhungen etc. entzogen werden.

Könnte sein, dass die „political correctness" der Untergang unseres Landes ist, weil man die wirklichen Probleme des Landes nicht ansprechen darf?

Wenn wir annehmen, dass es in Deutschland 10 Millionen Pensionisten gibt und jeder Pensionist würde 100,- Euro pro Monat zusätzlich bekommen (welch eine Hilfe für viele Menschen), dann würde das dem Staat ganze 12 Milliarden pro Jahr kosten. Diese 12 Mrd. Euro haben wir angeblich nicht, aber 100 Mrd. Euro für einen Rettungsschirm, wo keiner weiß, was das wirklich ist bzw. bedeutet, kann man in wenigen Stunden lockermachen. Freunde, da stimmt was nicht.

Oder hatte Guido Westerwelle recht, als er als Begründung dafür auf die Frage eines Journalisten antwortete: „Wir haben letztes Wochenende in den Abgrund geschaut."?

Ist dieser Abgrund vielleicht so zu verstehen, dass man mit Menschen und Mächten aus der Hochfinanz konfrontiert wurde und diese ganz klar sagten, was in Deutschland zu geschehen hat? So wie es ein Banker macht, wenn ein Unternehmer so hoch verschuldet ist, dass er ohne weitere Hilfe der Bank Konkurs anmelden müsste?

Könnte sein, dass die sogenannte „political correctness" der Untergang unseres Landes ist?

Was ja nicht mehr und nicht weniger bedeutet, dass gewisse Themen in unserem Land einfach nicht angesprochen werden dürfen, man in gewissen Bereichen einfach nicht die Wahrheit sagen darf oder es auf eine gewisse „vornehme Art" zu formulieren hat.

Und wer sich an diese „political correctness" nicht hält, wird „medial unmöglich" gemacht. Man denke hier nur mal an Thilo Sarrazin.

Sind die,
die von Krankheit leben,
wirklich daran interessiert,
dass wir dauerhaft
gesund <u>bleiben?</u>

Noch ein paar Fragen zum Gesundheitswesen

Sind die, die von Krankheit leben, wirklich daran interessiert, dass wir dauerhaft gesund bleiben?

Das würde dasselbe sein, wie wenn man behaupten würde, ein Hotelier ist daran interessiert, dass die Menschen immer zu Hause bleiben. ... Hier meldet sich wieder unser Hausverstand.

Könnte sein, dass man das sogenannte Gesundheitswesen bereits dazu missbraucht, dafür zu sorgen, dass die Menschen immer wieder von der Pharmaindustrie abhängig sind, d. h. zu einem späteren Zeitpunkt sicher gewisse weitere Pharma-Produkte brauchen?

Könnte sein, dass man gewissen Lebensmitteln oder sogar Trinkwasser Stoffe beimengt, die dafür sorgen, dass z. B. die Pharmaindustrie später sichere Kunden hat oder um die Zeugungsfähigkeit der Männer zu schwächen, weil man so die Weltbevölkerung dezimieren könnte und somit sich viele Probleme „von selbst" lösen würden?

Sind die vielen ungesunden Nebenwirkungen bei Arzneimittel nicht evtl. ein Marketinginstrument für die Pharmaindustrie, um langfristig Kunden an sich zu binden?

Könnte sein, dass die Gesetzgebung deswegen so stark gegen den freien Verkauf von wirklich hochwertigen und für die Gesundheit notwendigen Nahrungsergänzungsmitteln eintritt, weil dahinter eine Pharmalobby steht und permanenten Einfluss auf die Gesetzgebung nimmt, damit die Pharmaindustrie ja keine „Dauerkunden" verliert?

Und die Medien dann dazu noch ihren „wertvollen" und verwirrenden Beitrag leisten?

Könnte sein, dass dies alles deswegen so gehandhabt wird, weil sie alle von der Wurzel her dem gleichen Eigentümer dienen?

Man wird doch noch hinterfragen dürfen. Es gilt natürlich auch hier die Unschuldsvermutung.

Noch ein paar Fragen zum Bildungswesen

Unser Bildungswesen ist ein Stopfsystem geworden. Unsere Kinder werden vollgestopft mit Dingen, von denen sie vieles ein Leben lang nicht brauchen werden. Immer noch mehr hineinstopfen in immer noch kürzerer Zeit, bis die Kinder nicht mal mehr wissen, wer sie sind und was sie von diesem Leben erwarten dürfen.

Bildungswesen für mich heißt: Bilden, Bauen, Aufbauen, „people-building", um es mit der englischen Bezeichnung klar zu machen.

Menschen bauen, Persönlichkeiten aufbauen, Persönlichkeiten zur Entfaltung bringen, Menschen helfen, ihre Talente zu kultivieren, Menschen helfen ihre Berufung zu erkennen und ihnen helfen, ihren einzigartigen Platz als einzigartige Persönlichkeit auf dieser Erde zu finden.

Das wäre für mich Bildungswesen.

Mehr dazu in einem Video-Ausschnitt aus einem meiner vielen Vorträge: *www.wirtschaftsrevolution.de/videos*

Und nun meine Fragen:

Warum gibt es keine Unterrichtsstunden in „Träume, Visionen, Ziele"?

Warum gibt es keine Unterrichtsstunden in „Wie finde ich meine Berufung?"

Warum gibt es keine Unterrichtsstunden in „Wie werde ich ein Menschenspezialist®?"

Warum gibt es keine Unterrichtsstunden für die Frage nach dem Sein, also „Wer bin ich?"

Wenn es doch um Menschen geht auf dieser Welt, wäre es natürlich wichtig, dass die Menschen zu allererst auch Menschenspezialisten sind, oder?

Warum gibt man unseren Teenagern im Teenager-Alter nicht mehr Zeit, um sich mit sich selbst, ihren Talenten, ihren Interessen, ihrer Persönlichkeits-Entfaltung beschäftigen zu können?

Warum will man den jungen Menschen die Jugendzeit stehlen, indem man sie vollstopft mit Dingen, die sie nie brauchen, woran sie nicht mal Interesse haben, wofür sie nicht mal ein Talent mitgekriegt haben, wofür sie keine Berufung haben, um sie dann mit 20 frustriert zurückzulassen, ohne jede Orientierung fürs Leben und ohne zu wissen, warum sie überhaupt auf dieser Erde sind?

Junge Menschen müssen die Möglichkeit haben so richtig aufzublühen. Was nicht blüht, kann keine Frucht bringen. Wir brauchen wieder eine blühende Jugend!

Warum will man das mit allen Kräften verhindern, indem man ihr Hirn trainiert bis zum Frust – auf Kosten des Herzens?

Warum will man die Software der Menschen (Verstandesfähigkeiten, Wissen, Information, ...) so stark forcieren, aber dem Betriebssystem des Menschen (Geist, Power, Herz, Orientierung, Sinn des Lebens ...) so wenig Bedeutung beimessen?

Ja, Wissen ist Power. Information ist Power. Wissen ist Dynamit. Aber was nutzt das, wenn mein Haus voll ist mit Tonnen von

Dynamit, aber im ganzen Haus kein Feuer mehr brennt? Das Dynamit ist wirkungslos.

Genauso ist es mit dem Wissen. Wenn Wissen alles ist, was in einem Menschen steckt, aber in seinem Herzen kein Feuer mehr brennt, passiert nichts mit diesem Wissen.

Manche Leute sind so gescheit, sie haben drei Doktortitel, aber nicht einmal das Arbeitsamt kann mit ihnen etwas anfangen.

Freunde, wir brauchen wieder Feuer im Herzen der Menschen! Visionäres Feuer, unternehmerisches Feuer, denn der Geist ist's, der lebendig macht; das Fleisch (Hardware) allein nützt nichts.

Warum ist sich unser Bildungsminister dessen nicht bewusst?

Weiß er/sie es nicht, oder darf er/sie es nicht wissen?

Oder ist er/sie selbst bereits ein Opfer dieses verrückten Bildungssystems und gibt nur weiter, was man ihm/ihr gesagt hat, bzw. was er/sie bisher erlebt hat? Könnte sein.

Es könnte aber auch sein, dass es unsere wirkliche Regierung nicht will, dass die Menschen brennen, Feuer im Herzen haben, einen starken Geist (Betriebssystem) haben ...

Denn je stärker der Mensch in seinem Geist, in seinem Herzen, in seinem Betriebssystem ist, umso schwerer lässt sich über ihn regieren. Könnte sein, oder nicht?

Man wird doch noch hinterfragen dürfen? Es gilt natürlich auch hier die Unschuldsvermutung.

Über schwache Menschen – egal, wie gescheit sie sind – wenn sie keine Power haben, dann lässt sich natürlich leicht über sie regieren.

Warum werden unsere
Teenager in den Schulen
so stark mit
– oft unnötiger –
Information vollgestopft,
dass ihnen sogar
die Herzen brechen?
Wie sollen sie dann noch
Feuer im Herzen haben,
wenn die Herzen
zerbrochen sind?

Aber wenn die Menschen für etwas brennen – z. B. für die Freiheit – und dafür auf die Straße gehen, haben Regierung und auch die Panzer keine Macht mehr. Was wir ja gerade in manchen Ländern erleben.

Vielleicht will man deswegen nicht, dass die Menschen brennen.

Man erlaubt den Menschen einen gewissen Wohlstand, sodass die Mehrheit sagt: „Es geht uns ja eh gut, was willst denn mehr ... man muss ja eh zufrieden sein." Dann gehen sie nämlich nicht auf die Straße und man kann natürlich weiter mit dem Staats-Bürger tun, was man will.

Könnte das sein, dass das die Denke der wirklichen Machthaber ist? Es gilt natürlich die Unschuldsvermutung.

Noch ein paar Fragen zu den Medien

Die meisten Medien berichten nur über Symptome, aber nicht über die wahren Ursachen, die Wurzel, die Kernprobleme der ganzen Krisen.

Warum berichten die FÜHRENDEN Medien nicht über gewisse Dinge, z. B. über die tatsächliche Situation am Weltmarkt hinsichtlich Eigentumsrechte an der Weltbank, am Geld-System, der Gefahren der weltweiten Vernetzung und Verschachtelung, Gefahren von Dominoeffekten, langfristiger Zielsetzungen der „Währungshüter", der Machtverhältnisse bei den Medien usw.?

Warum berichten die führenden Medien nicht über die Machenschaften der Pharmaindustrie, der Lebensmittelindustrie usw., obwohl man diese Dinge ja schon lange von den Dächern pfeift und viele Menschen hier böse Ahnungen haben darüber, was da wirklich laufen könnte – und zum Teil auch nachgewiesen wurde?

Warum berichten die führenden Medien nicht über die Erfolge der Network-Marketing-Firmen und deren Möglichkeiten für den Arbeitsmarkt, obwohl bereits Tausende Menschen alleine in Deutschland im Network-Marketing ihre Berufung und ihr sicheres Einkommen gefunden haben und hier Tausende neue Arbeitsplätze jährlich geschaffen werden?

Warum konzentrieren sich gewisse Medien immer nur auf die Negativbeispiele im Network-Marketing, obwohl es für jedes Negativ-Beispiel Dutzende positive Beispiele gibt?

Warum berichten die führenden Medien nicht positiv über die Vorteile eines lebendigen Glaubens, sondern immer nur über die Skandale in der Kirche, die Probleme der verschiedenen Glaubensorganisationen und sonstige religiöse „Unattraktivitäten“?

Warum berichten die führenden Medien nicht über entscheidende neue Erkenntnisse der Wissenschaft, wenn es darum geht, dass die Wissenschaft mehr und mehr draufkommt, dass der Glaube an Gott in vielen Bereichen die einzige richtige Antwort ist und sie vieles, was die Bibel sagt, wissenschaftlich nicht widerlegen können, weil es einfach die Wahrheit ist?

Warum wird die Bibel in den führenden Medien totgeschwiegen, nicht zitiert, nicht konsultiert usw., obwohl jeder nachvollziehen kann, dass auch all die Motivationsbücher, Leadership-Bücher und sonstigen Erfolgsbücher, die am säkularen Markt große Auflagen haben, ihre Wurzel und ihre Inhalte in den biblischen Gesetzmäßigkeiten haben?

Warum wird von den Medien jeder Politiker, der gewisse Dinge infrage stellt und sich echt mit den Interessen des Volkes beschäftigt, sobald sein Einfluss größer wird und nicht mehr mundtot gemacht werden kann, immer wieder in die Ecke des Nationalsozialismus gerückt, um ihn so zu diskreditieren – obwohl er damit überhaupt nichts am Hut hat?

Warum wird jeder freikirchliche Prediger des Evangeliums, sobald er aufgrund seiner Botschaft Zulauf von größeren Menschenmengen bekommt, in die „Sektenecke“ gestellt, um ihn so zu diskreditieren – obwohl seine Botschaft die Menschen freier macht als so manches amtskirchliche Dogma?

Warum werden der Heilige Geist und sein Wirken auf dieser Erde so konsequent totgeschwiegen, obwohl auch die katholische Bibel ganz klar sagt: „Wo der Geist des Herrn wirkt, da ist Freiheit.“ (2. Korinther, Kapitel 3, Vers 17)

Und da könnte man noch eine ganze Reihe weiterer Fragen anführen.

Aber die entscheidende Frage ist: WARUM ist das so?

Könnte sein, dass die Medien von der Wurzel her den gleichen Eigentümer haben wie die Pharmaindustrie und die Banken etc. und daher gewisse Interessen zu vertreten haben?

Man wird doch noch hinterfragen dürfen? Es gilt natürlich auch hier die Unschuldsvermutung.

Noch ein paar Fragen zur Wissenschaft

Warum werden Menschen und Wissenschaftler, sobald sie beginnen sich mit Themen zu beschäftigen, die für die sogenannte „seriöse Wissenschaft“ tabu sind, ins Abseits manövriert, in die Esoterikecke gestellt, ihnen der Zugang zur Veröffentlichung ihrer Erkenntnisse verwehrt und aufs Abstellgleis gestellt – und nicht mehr finanziert?

Könnte sein, dass die Wissenschaft gewisse Dinge nicht wissen darf?

Könnte sein, dass Gott
gar nicht religiös ist?
Und wenn doch, dann müsste
man ihn ja fragen:
„Bei welcher Religion bist du?"

Und wenn seine Antwort
wäre „bei jeder",
dann müsste man ihn fragen,
warum er sich dann selbst
gegenseitig bekämpft.

Noch ein paar Fragen zum Thema Religion

Könnte es sein, dass man uns auch in den Kirchen nicht alles sagt?

Könnte es sogar sein, dass man uns in den Kirchen gerade die wichtigsten Dinge des Lebens, des Evangeliums vorenthält?

Bewusst oder unbewusst. Nicht nur in den traditionellen Amtskirchen, sondern auch in vielen Freikirchen, die zwar behaupten, die ganze Wahrheit (das volle Evangelium) zu haben und zu verkündigen, uns aber doch sehr häufig mehr in eine neue religiöse Gebundenheit führen als in die Freiheit des Geistes Gottes. Es heißt doch im Neuen Testament: „Wo der Geist des Herrn wirkt, da ist FREIHEIT!" (2. Korinther, Kapitel 3, Vers 17).

Könnte sein, dass wir sogar der wichtigsten Realität des Neuen Bundes beraubt werden? Ich meine in bzw. von den Kirchen?

Ganz einfach deswegen, weil sie uns mit ihren religiösen Ansichten unser Bewusstsein rauben über unsere wahre Identität im Neuen Bund. Viele rauben uns mit ihren – gesetzlichen, alttestamentlichen, verurteilenden – Predigten das Bewusstsein über die Wahrheit des Neuen Bundes (Testaments) darüber, wer wir in Christus wirklich sind. Was es heißt: „Nicht mehr ich lebe, Christus – Gott selbst – lebt in mir."

Anstatt dessen werden uns in vielen Kirchen „Schuldgefühle" vermittelt. Wird uns das Bewusstsein über unsere wahre Identität als „die Gerechtigkeit Gottes in uns" geraubt, anstatt das Evangelium der Gnade (Begnadigung) verkündet, das uns zur Gerechtigkeit Gottes macht?

Könnte es sein,
dass es unter uns
Räuber gibt
– und viele von ihnen
gehen sogar sonntags
in die Kirche?

In vielen Kirchen werden uns all jene Dinge gepredigt, die man nicht tun darf oder die man unbedingt tun muss, um errettet zu sein, um gesegnet werden zu können, um bessere Menschen zu werden usw., obwohl die Bibel ganz klar sagt, dass Christsein nicht eine Handlung oder Aktivität oder Religion ist, sondern eine Natur. Die Natur Gottes IN UNS. Das Leben Gottes IN UNS.

Der Apostel Paulus sagte, Christsein heißt: „Nicht mehr ich lebe, Christus (das Leben Gottes) lebt in mir." Das ist ein Zustand und kein Verhalten.

Warum wird uns dann immer ein Verhalten gepredigt und nicht der Weg zu diesem Zustand oder das Bewusstsein geprägt, dass wir in diesem Zustand bereits leben?

Könnte sein, dass viele Priester, Pfarrer, Prediger und Pastoren und auch viele Kardinäle und Bischöfe es selbst gar nicht wissen, was das Evangelium Jesu Christi – die gute Nachricht – wirklich ist?

Weil sie einfach nur eine tote Tradition übernommen haben und selbst gewisse Dinge dieser Tradition noch nie hinterfragt haben?

Könnte sein, dass manche Kirchenvertreter aller Richtungen oft mehr Liebe haben zu ihrer „religiösen Überzeugung", zu ihrer „christlichen Organisation" oder sogar zu ihrem „eigenen Dienst" als zu den Menschen, die mit vielen unbeantworteten Fragen durchs Leben gehen?

Das würde mich nun sofort an die Schriftgelehrten und Pharisäer zur Zeit Jesu erinnern.

Es wäre doch eine Katastrophe für die ganze Menschheit, wenn uns die wichtigste Information des Universums – die Liebe Gottes zu den Menschen und ihre unbeschreiblich großartigen Auswirkungen – vorenthalten würde?

„Es gibt das Gerücht,
dass Staaten nicht
pleitegehen können.
Dieses Gerücht
stimmt nicht."

Angela Merkel, Januar 2009

Zusammenfassung

Könnte es sein, dass das Ziel des Welt-Systems ein radikaler Sozialismus ist?

Die Menschen schauen zum Staat als ihren Problemlöser. Der Staat steht unter der Herrschaft der Finanziers – da ja extrem überschuldet und täglich in der Gefahr in Konkurs zu gehen.

Sogar Angela Merkel hat kürzlich gesagt, dass es ein Fehler sei, zu glauben, dass ein Staat bzw. ein Land nicht in Konkurs gehen könnte. Ist doch klar, ein Land ist doch aus der Sicht des Finanziers sonst nichts als eine Firma. Die Firma Deutschland AG, wenn Sie so wollen.

Der Weg, der dorthin führt, heißt: Propaganda. Was man heute ja vornehm Werbung, Promotion oder noch vornehmer Public Relations nennt.

Die Medien – im Eigentum der Finanzleute – werden dafür benutzt, in den Menschen ein Mangel**bewusstsein** zu schaffen.

Dieses Mangelbewusstsein hat zur Folge, dass das Volk immer mehr nach einem der Not – dem Mangel – begegnenden starken Staat ruft. Je stärker das Mangelbewusstsein, desto stärker der Ruf nach einem starken Staat.

Das ist offensichtlich gewollt, oder nicht?

Obwohl ein Mangelbewusstsein gar nicht nötig wäre, wenn doch Gott selbst zu den Menschen sagt: „Schaut auf die Vögel des Himmels: Sie säen nicht und ernten nicht und der Herr nährt sie doch! Oder schaut auf die Lilien auf dem Felde, wie sie wachsen,

Eine Regierung,
die stark genug ist,
uns alles zu geben,
ist auch stark genug,
uns alles zu nehmen!

sie arbeiten nicht und spinnen nicht, und selbst Salomo war nicht gekleidet wie eine von ihnen. Wenn Gott schon das Gras so prächtig kleidet, das heute wächst und morgen ins Feuer geworfen wird, wieviel mehr euch, ihr Kleingläubigen! Sorgt euch also um nichts, denn der morgige Tag wird für sich selbst sorgen ...!“ (Bergpredigt)

Mangelbewusstsein kann daher nicht von Gott kommen. Es wird von jenen Menschen geprägt, die gerne über dich herrschen wollen und du es gerne zulässt, weil dir bewusst gemacht wurde, wie dringend du den „Herrscher“ (oder besser gesagt die Regierung) brauchst.

All das Mangel**bewusstsein** wird geprägt von den Medien und von Menschen (Eltern, Pastoren, Lehrer, Ärzte, Gewerkschaft, Banken, Politik, ...), die von den Medien bereits so geprägt worden sind und dieses Mangelbewusstsein einfach weitergeben. Sie wissen es einfach nicht besser und meinen es wahrscheinlich meist sogar sehr gut mit uns. Aber gut gemeint hat noch lange nichts zu tun mit gut gemacht.

Eines dürfen Sie nie vergessen:

Eine Regierung, die stark genug ist, uns alles zu geben, ist auch stark genug, uns alles zu nehmen!

Mangelbewusstsein führt dazu, dass sich die Menschen eine starke Regierung wünschen. Dann kommt die starke Regierung und nimmt uns alles weg. Das ist Sozialismus. Abhängigkeit höchsten Grades. Das hat mit Freiheit nichts zu tun.

Die Bibel aber sagt:

„Wo der Geist des Herrn WIRKT, da IST Freiheit!“

Es gibt zwei wichtige Tage
im Leben eines Menschen:
Der erste Tag ist der Tag,
an dem du geboren wurdest.
Der zweite Tag ist der Tag,
an dem du herausgefunden
hast WARUM.

Die Lösung

Wir werden den Lauf der Zeit nicht ändern können. Es ist aber wichtig, dass wir unser Bewusstsein schärfen, dass wir nicht zu jenen gehören, die auf der breiten Straße dahinlaufen und meinen, es sei alles in Ordnung. Die Straße, die ins Verderben führt, ist breit – leider gehen viele auf ihr.

Es ist aber nicht notwendig, dass wir alle ins Verderben laufen aus Mangel an Erkenntnis, aus Mangel an Orientierung, aus Mangel an Bewusstsein darüber, was der Plan Gottes ist für die Menschen dieser Erde.

Es gibt zwei wichtige Tage im Leben eines Menschen:

Der erste Tag ist der Tag, an dem wir geboren wurden.

Der zweite Tag ist der Tag, an dem wir herausgefunden haben WARUM.

Warum bin ich auf dieser Erde?

Was ist der Sinn meines Lebens?

Was haben andere Menschen davon, dass es mich gibt?

Haben Sie diesen zweiten Tag schon erlebt? Kennen Sie bereits Ihr WARUM?

Haben Sie Ihr eigenes Mangelbewusstsein schon beseitigt und leben Sie bereits ein Leben in Fülle? Ganz bewusst?

Wissen Sie bereits, warum andere Menschen – Ihre Zielgruppe – gerade Ihre Nähe suchen sollte/möchte?

Für wen sind Sie wann und für welche Problemstellung der optimale Problemlöser?

Die Umdenk-Akademie® *www.umdenk-akademie.de* hilft Ihnen dabei, diese Fragen zu beantworten.

Nachwort

Der Inhalt dieses Buches darf nicht dazu führen, Angst zu vermitteln. Es gibt überhaupt keinen Grund dafür, Angst zu haben vor dem, was auf uns zukommt, wenn Sie noch heute beginnen, sich mit den Themen des Lebens zu beschäftigen.

Umdenken ist heutzutage aktueller denn je. Umdenken beginnt einfach damit, sich Fragen zu stellen, die man sich bisher nicht gestellt hat. Dinge zu hinterfragen, die man bisher als gegeben angenommen hat und nicht besonders wichtig genommen hat, weil es einfach so ist, wie es ist.

Daher wollte ich Ihnen mit diesem Buch helfen, gewisse Themen bewusster zu machen, gewisse Fragen zu stellen, gewisse „Normalheiten" zu hinterfragen.

Wenn Sie jetzt beginnen, an sich selbst zu arbeiten, sich mit sich selbst und Ihrem WARUM des Lebens zu beschäftigen, dann haben Sie einen entscheidenden Schritt getan.

Wenn Sie jetzt beginnen, in sich selbst zu investieren, in Ihre Talente, Fähigkeiten, in Ihre Berufung, in Ihre Menschenspezialist-Fähigkeiten, in Ihre Leadership-Fähigkeit, in Ihre Problemlösungsfähigkeit, in Ihre persönliche Attraktivität, in Ihre Einzigartigkeit, ... dann werden Sie selbst als Mensch und Persönlichkeit immer stärker werden, immer attraktiver werden, immer mehr Anziehungskraft auf andere Menschen ausstrahlen – und Sie brauchen sich um Ihre Zukunft keine Sorgen zu machen.

Und wenn Sie dann auch noch Ihr persönliches Verhältnis zu Gott als unseren Vater in Ordnung bringen – sofern es noch nicht ist –

dann können Sie ganz sicher davon ausgehen, dass Ihre Zukunft – auch über das Leben auf dieser Erde hinaus – absolut gesichert ist.

Und wenn Sie zu Hause eine Bibel haben, dann empfehle ich Ihnen noch zwei Bibelstellen zu lesen und zu meditieren:

Johannes-Evangelium, Kapitel 1, Vers 9 bis 13 und
Kapitel 14, Vers 6.

Hier liegt Ihre ultimative Problemlösung.

Herzlichen Dank und Gottes Segen für Ihren weiteren Weg.

Ihr Karl Pilsl

Über den Autor

Karl Pilsl, geboren 1948 in Österreich, verheiratet mit Monika und Vater von acht Kindern, ist seit über 40 Jahren selbstständiger Unternehmer. Er hat alle Höhen und Tiefen dieses Lebens erlebt, von großen Erfolgen in den verschiedensten Bereichen, bis hin zur größten Niederlage, die ein Unternehmer erleben kann: dem Konkurs. Seit 1977 ist er im Medien- und Informationsbereich tätig als Marktforscher, Consultant, Public Speaker und Verleger. Er ist selbst Autor von mehr als 25 Büchern zu den Themen Unternehmensstrategie, Leadership, Motivation, Wirtschaftstrends und erVOLLgreiches Leben.

Seit 1987 ist Karl Pilsl auch in den USA als Wirtschaftsjournalist tätig und beschäftigt sich insbesondere mit der Frage: Was kann der deutsche mittelständische Unternehmer vom amerikanischen mittelständischen Unternehmer lernen?

Hunderttausende seiner Bücher, Hörbücher und DVDs haben, genauso wie Tausende seiner Live-Veranstaltungen mit weit über einhunderttausend Zuhörern bisher, zu einem aktiven, begeisterten Leben inspiriert und ermutigt.

Karl Pilsl hat selbst über ein Dutzend Unternehmen und Organisationen in Österreich, Deutschland und den USA gegründet, mit insgesamt Hunderten von Mitarbeitern.

Er ist Gründer von *www.wirtschaftsrevolution.de* und von Verlag Gute Nachricht GmbH, einem Medienunternehmen, das zum Umdenken anregt. Dazu hat er auch die Umdenk-Akademie® ins Leben gerufen, denn wir müssen umdenken, wenn wir im neuen Jahrtausend auf dieser Erde ein erfülltes Leben leben möchten.

Existenzgründer und klein- und mittelständische Unternehmer gehören zu seiner Kernzielgruppe. Karl Pilsl ist auch der Gründer von www.club45plus.de und seine Leidenschaft besteht in erster Linie darin, Menschen über 45 zu inspirieren, nochmals so richtig durchzustarten, für viele Menschen Arbeitsplätze zu schaffen und Menschen herauszufordern, sich die wichtigste Frage des Lebens zu stellen: *„Was haben andere Menschen davon, dass es mich gibt?“*

Ja, wir müssen umdenken.

Viele Menschen brauchen dazu Hilfe, Unterstützung, Ermutigung, Training, Coaching, ...

<u>Mehr Infos zu seiner Arbeit unter:</u>

www.umdenk-akademie.de

www.umdenk-trainer.de

Ein aktuelles

Medienverzeichnis bzw. **Seminarangebote**

des Autors Karl Pilsl erhalten Sie bei:

Verlag Gute Nachricht GmbH

Freyunger Str. 53a | D-94146 Vorderschmiding

Tel. +49-8551-9149-0 | Fax +49-8551-9149-14

E-Mail: office@verlag-gute-nachricht.de

oder im Internet:

www.wirtschaftsrevolution.de

Der Autor des Buches steht auch für

individuelle Vortragsveranstaltungen zur Verfügung.

Anfragen richten Sie bitte an den Verlag.

Kostenlose Ermutigung, Inspiration,

Motivation und Orientierung für

Ihren privaten und beruflichen ErVOLLg.

Hier kostenlos abonnieren:

www.wirtschaftsrevolution.de/newsletter

Umdenk-Trainer - Der Traumberuf des nächsten Jahrzehnts.

Mehr Information unter **www.umdenk-trainer.de**

Auszug unserer Medien

Vollständige Übersicht unserer Medien unter www.verlag-gute-nachricht.de

Die naturkonforme Strategie

Die Natur ist erfolgreich. Jahr für Jahr. Was macht sie richtig?
Wenn wir aufhören, kompliziert zu denken und bereit sind, von der Natur zu lernen, dann wird das Leben einfach und höchst interessant.
Wenn wir aufhören, allen alles recht machen zu wollen und beginnen, uns auf unsere Stärken und Talente und auf unsere Berufung zu konzentrieren, dann wird es sehr einfach, Spitzenleistungen zu erbringen und damit viele Menschen glücklich zu machen.
Die Natur ist Franchising und Network-Marketing zugleich.
Die Natur versteht es blendend, sich zu multiplizieren.
Deutschland hat zu viele Manager und zu wenige Leader. Menschen lassen sich nicht managen, Menschen möchten geführt werden.

A5, 120 Seiten, ISBN 978-3-935760-00-3, VK EUR 12,00

Was haben andere Menschen davon, dass es mich gibt?

Live-Mitschnitt eines Seminars

Von dieser Fragestellung hängt alles ab: Ihre Zukunft, Ihr ErVOLLg, Ihr Glück. Möchten Sie gerne, dass andere Menschen (Ihre Kunden) mit Begeisterung Ihre Nähe suchen? Möchten Sie, dass Ihnen Ihre Kunden (und damit das Geld) nachlaufen? Möchten Sie gerne NIEMALS einsam sein, weil andere Menschen es lieben, Ihre Gesellschaft zu genießen? In diesem CD-Set erfahren Sie sehr viel mehr über Gesetzmäßigkeiten, die auch Ihr Leben stark und schnell zum Positiven verändern werden, wenn Sie beginnen, danach zu handeln.

4 Audio-CDs, ISBN 978-3-935760-26-3, VK EUR 38,00

Georg – Auf der Startbahn in eine außergewöhnliche Karriere

Georg, ein junger Mann, hatte kurz vor Ende seines Studiums immer noch keine Ahnung, was er mit seinem Leben anfangen sollte.
Durch einen weisen Mentor findet er den Weg in ein erfülltes Leben.
Diese Weisheit steht auch Ihnen zur Verfügung.
Die sieben Schlüsselfähigkeiten und zwölf Lektionen fürs Leben gibt Karl Pilsl auch Ihnen mit auf Ihren Weg.
Ein MUSS für jeden Studenten, Schulabgänger und auch "spät berufenen" Existenzgründer.

A5, 187 Seiten, Hardcover, ISBN 978-3-935760-30-0, VK EUR 19,80

Naturkonformes Marketing

Live-Mitschnitt eines Vortrags

Die Natur ist erfolgreich. Jahr für Jahr. Was macht sie richtig? Was suchen die Menschen von heute? Wenn du hast, was andere Menschen suchen, dann beginnt der Automatismus der Natur: Denn an den Früchten werdet ihr sie erkennen. Von der Qualität des Samenkorns hängt die Qualität der Ernte ab. Bist du bereit, an dir – als Samenkorn – zu arbeiten? Die Herzen anderer Menschen sind der Ackerboden. Was muss ich tun, damit die Herzen der Menschen mir zufliegen? Besonders interessant und hilfreich für moderne Marketingunternehmen

1 Audio-CD, ISBN 978-3-935760-27-0, VK EUR 14,00

10 Schritte zu einem erfüllten, ervollgreichen, sinnvollen Leben

Alles beginnt mit einem Traum. Wer keine eigenen Ziele hat, wird immer von anderen Menschen gelebt. Wer die Führung für sein Leben nicht selbst übernimmt, darf sich nicht beklagen, wenn er von anderen Menschen wohin geführt wird, wohin er gar nicht wollte.
In diesem Buch zeigt Karl Pilsl 10 wichtige Schritte auf, sich mit der aktuellen Situation und der eigenen Zukunftsgestaltung zu beschäftigen. Bedenken Sie: Es gibt keine Grenzen. Nicht für Gedanken, nicht für Ziele. Nur die Angst vor dem Versagen setzt unsere Grenzen.
Planen Sie Ihr Leben und überlassen Sie es nicht dem Zufall.

A5, 118 Seiten, ISBN 978-3-935760-10-2, VK EUR 12,00

Deutschland, wohin gehst du?

Live-Mitschnitt eines Seminars

Die Zukunft gehört wieder den Pionieren und den Visionären. Die Herausforderungen der Zeit. 10 Fehlentwicklungen, die wir so schnell wie möglich korrigieren müssen. Die 10 Trends/positive Entwicklungen, die niemand verhindern kann. Was suchen die Menschen von morgen? Was sind die 6 sichersten Branchen der Zukunft? Wie/Wo soll ich jetzt mein Geld anlegen/investieren? Was ist jetzt die alles entscheidende Frage?

3 Audio-CDs, ISBN 978-3-935760-29-4, VK EUR 28,00

Neue Perspektiven für Ihre Zukunft

Karl Pilsl spricht die Zukunftsträchtigkeit mittelständischer Unternehmer, Einzelhändler, Handwerker, Dienstleister und deren Führungskräfte an. Er ermutigt, stellt Fragen, leitet an und kommt auf den Punkt, die heutige Situation – ob persönlich, in der Familie oder im Unternehmen – auf den Prüfstein zu stellen. >> Wenn mein „Pferd" tot ist, dann steige ich ab oder >> Wenn momentan nur „kein Wind" weht, dann rudere ich vorwärts. Neue Perspektiven für Ihre Zukunft rückt die eigene Identität, Begabung, Talente und die Berufung in den Mittelpunkt. Der vorgeschlagene Weg führt in eine „erVOLLgreiche" Zukunft und zu (wieder) mehr Freude am Leben.

A5, 100 Seiten, ISBN 978-3-935760-32-4, VK EUR 12,00